# Les 7 FAMILLES

le papa la maman le frère la sœur le bébé

le papa la maman le frère la sœur le bébé

le papa la maman le frère la sœur le bébé

le papa la maman le frère la sœur le bébé

le papa la maman le frère la sœur le bébé

le papa la maman le frère la sœur le bébé

le papa la maman le frère la sœur le bébé

# Dans la même collection :

Illustrations : Amy Blay

Direction générale : Gauthier Auzou
Responsable éditoriale : Claire Simon
Conception graphique : Alice Nominé
Responsable fabrication : Jean-Christophe Collett
Fabrication : Lucile Pierret
Correction : Marjolaine Revel


Loi n° 49-956 du 16 juillet 1949 sur les publications
destinées à la jeunesse, modifiée
par la loi n° 2011-525 du 17 mai 2011.
Dépôt légal : mai 2016
Imprimé et fabriqué en Chine.

# Jeu de 7 FAMILLES
## DES ANIMAUX

Dès 5 ans | 15 min | 2 à 5 joueurs | 35 cartes

**7 familles de 5 membres :**
**le papa, la maman, le frère, la sœur et le bébé**

Perroquet

Pingouin

Loup

Chien

Chat

Dauphin

Lion

## BUT DU JEU :

Reconstituer le plus de familles possible.

## DÉROULEMENT DE LA PARTIE :

*Le joueur le plus jeune commence et la partie se joue dans le sens des aiguilles d'une montre.*

• Distribuer 5 cartes à chaque joueur. Chacun range ses cartes par familles. Le reste du jeu constituera la pioche.

• Le premier joueur demande une carte au joueur de son choix (« Dans la famille Lion, je voudrais le bébé »). Pour demander une famille, il doit avoir au moins une carte de cette famille dans son jeu.

- Si le joueur a la carte demandée, il la donne au premier joueur. Celui-ci peut ensuite demander une autre carte à n'importe quel joueur, et ainsi de suite jusqu'à ce qu'il n'obtienne pas la carte demandée.
- Si le joueur n'a pas la carte demandée, le premier joueur pioche une carte. S'il retourne la carte demandée, il peut rejouer. Sinon, c'est au joueur suivant de jouer.

• Quand un joueur reconstitue une famille, il étale les 5 cartes devant lui – dans le bon ordre, pour découvrir le décor ! Il peut ensuite rejouer.

## FIN DE LA PARTIE :

La partie s'arrête quand toutes les familles sont reconstituées. Le gagnant est celui qui a réussi à former le plus de familles !

## QUE SE PASSE-T-IL SI...

• ... un joueur n'a plus de carte ? Il peut piocher une carte dans le jeu du joueur de son choix pour continuer la partie.
• ... la pioche est finie ? On passe son tour !
• ... on veut corser le jeu ? On décide qu'un joueur n'a pas le droit de demander deux fois de suite un membre d'une même famille.

Famille **CHAT**

# La MAMAN

AUZOU

Famille **CHAT**

**La SŒUR**

AUZOU

Famille **CHAT**

# Le BÉBÉ

AUZOU

Famille **CHAT**

# Le FRÈRE

AUZOU

Famille CHAT
Le PAPA

AUZOU

## Famille **LOUP**

# La SŒUR

AUZOU

Famille **LOUP**

Le BÉBÉ

AUZOU

Famille **LOUP**

# Le PAPA

AUZOU

Famille **LOUP**

# Le FRÈRE

AUZOU

Famille **LOUP**

# La MAMAN

AUZOU

Famille **DAUPHIN**

# Le FRÈRE

AUZOU

## Famille **DAUPHIN**

# Le BÉBÉ

AUZOU

Famille **DAUPHIN**

# La SŒUR

AUZOU

Famille **DAUPHIN**

# Le PAPA

AUZOU

## Famille **DAUPHIN**

# La MAMAN

AUZOU

# Famille **PERROQUET**

## Le PAPA

AUZOU

Famille PERROQUET
Le BÉBÉ

AUZOU

Famille **PERROQUET**

# La SŒUR

AUZOU

## Famille **PERROQUET**

# Le FRÈRE

AUZOU

Famille **PERROQUET**

## La MAMAN

AUZOU

Famille **CHIEN**

# Le BÉBÉ

AUZOU

Famille **CHIEN**

# La SŒUR

AUZOU

Famille **CHIEN**

# La MAMAN

AUZOU

Famille **CHIEN**

# Le PAPA

AUZOU

Famille **CHIEN**

# Le **FRÈRE**

AUZOU

Famille **PINGOUIN**

# Le FRÈRE

AUZOU

Famille **PINGOUIN**

# Le BÉBÉ

AUZOU

Famille **PINGOUIN**

# La MAMAN

AUZOU

Famille **PINGOUIN**

# Le PAPA

AUZOU

Famille **PINGOUIN**

# La SŒUR

AUZOU

Famille **LION**

# La MAMAN

AUZOU

Famille **LION**

# Le PAPA

AUZOU

Famille **LION**

# Le FRÈRE

AUZOU

Famille **LION**

# La SŒUR

AUZOU

Famille **LION**

## Le BÉBÉ

AUZOU